Julie Havel

L'Oracle des heures miroirs

ÉDITIONS
EXERGUE
27, rue des Grands-Augustins
75006 Paris

Sommaire

Avant-propos

« La Terre, la plus belle école
de l'univers. »

Médium *pure spirit*, clairaudiente et clairvoyante dès mon enfance, accompagnatrice chemin de vie, somato-énergéticienne et conférencière, j'ai su trouver ma véritable place à l'âge de 31 ans. Après diverses épreuves de vie, la bienveillance et le soutien pour les autres furent une évidence. Trouver l'alliance de la psychologie et de divers courants énergétiques fut une véritable quête, qui a pris pour moi quelques années, en somato-énergétique, notamment.

Canal de lumière, j'apprends chaque jour de mes guides et des fabuleux messages qui me sont transmis. Depuis quelques années déjà, j'avance dans l'expérience de la médiumnité sous diverses formes. En effet, la médiumnité peut être le lien qui illumine notre route, mais elle est aussi l'ouverture et l'accès à nos capacités, à nos potentiels. C'est simplement cela que je souhaite transmettre !

J'ai créé cet oracle tel un outil d'accompagnement et de communication entre les personnes et le monde spirituel, les guides, les anges et l'Univers.

Sa conception m'est apparue la nuit tel un doux songe, « la nuit », portail de communication avec les autres plans...

Je suis donc reconnaissante à la vie de me donner cette belle opportunité de partage du cœur et de l'esprit, pour vous y convier dans la découverte et la confiance en vos propres capacités et toutes ces belles surprises des guides qui seront toujours présents pour vous pousser et activer vos potentiels.

Qu'est-ce qu'une heure miroir, inversée, double et triplée ?

On parle d'heures miroirs lorsque le chiffre ou le nombre des heures est le même que celui des minutes, par exemple 22 h 22. On parle d'heures inversées lorsque le chiffre ou le nombre des heures devient le reflet de celui des minutes, par exemple 21 h 12. Quant aux heures triplées, c'est lorsque nous retrouvons 3 fois le même chiffre, par exemple 01 h 11.

Quel message les heures miroirs transmettent-elles ? Les heures miroirs sont la méthode ancestrale de communication des guides ou des anges. À travers celles-ci, ils vous envoient un message bien précis sur des blocages ou questions du moment présent. Les guides sont, simplement, ces êtres lumineux ou ces anges envoyés du ciel pour être nos accompagnants de vie terrestre. Ils interviennent au quotidien dans nos vies sans influencer nos choix, ils nous guident.

Comment apprivoiser mes cartes oracle ?

Étape 1 : Purifiez vos cartes.

Vos cartes sont le relais de communication entre vous et l'Univers, elles sont donc très sensibles au taux vibratoire. À ce titre, elles doivent être nettoyées de toutes les énergies qu'elles ont accumulées lors de la confection. Répétez l'étape plusieurs fois, surtout si elles ne coopèrent pas avec vous. Un excès d'énergie peut perturber vos lectures.

Prenez le paquet dans votre main gauche, la main du cœur (celle qui ne ment pas, mais aussi la main qui diffuse l'énergie).

Allumez un encens sang de dragon et récitez la prière suivante.

Mes guides, mes anges, mes frères et sœurs d'âmes,
j'en appelle à la lumière divine pour purifier, nettoyer
ces cartes de toutes traces ou résidus négatifs.
Qu'elles absorbent ton amour divin pour me guider.

Étape 2 : Consacrez vos cartes.

Toujours en les ayant dans votre main gauche, passez-les dans la fumée de l'encens et récitez trois fois : « Air, terre, feu et eau. » Puis, pendant une minute, envoyez-leur toutes vos intentions (confiance, clarté, compassion, bienveillance et autres).

Étape 3 : Posez votre question.

Pensez très fortement à votre question, formulez-la distinctement dans votre tête. Les guides entendent vos pensées, pas besoin de les formuler à haute voix. Il peut s'agir d'un événement présent ou d'un besoin de clarté sur une décision à prendre.

Étape 4 : Mélangez vos cartes.

Prenez-les dans la main droite et battez-les de la main gauche, tout en pensant à votre question. Pendant que vous les mélangez, récitez la demande suivante.

Mes guides, je demande par la lumière
de votre amour que je sois protégé lors de cette lecture,
que seuls les messages du divin me soient
communiqués. Aidez-moi à me libérer des schémas
néfastes pour moi, peur et ego.

Que je puisse clairement voir, sentir et connaître les messages que vous avez pour moi.
Que cette lecture soit faite avec bienveillance pour toutes les personnes concernées.

Il se peut que, lorsque vous battez les cartes, vous receviez le message divin : « Arrête de battre les cartes. » Il est alors temps pour vous de les disposer devant vous en éventail sur votre table. Ces messages sont là pour vous guider, alors n'ayez crainte de vous arrêter trop tôt, lorsque vous mélangez.

La loi de l'attraction divine vous assure que c'est le bon moment.

Étape 5 : Choisissez une carte.

Passez votre main gauche à cinq centimètres au-dessus des cartes situées en éventail devant vous. Commencez à balayer de la main vos cartes, de droite à gauche, et de gauche à droite, fermez vos yeux et laissez vos ressentis choisir la carte. Picotement, froid, chaleur à l'intérieur de votre main ou simplement cette dernière qui devient lourde, comme attirée tel un aimant près d'une des cartes.

Étape 6 : Interprétez la carte à l'aide du livre.

Une fois votre carte choisie, rendez-vous à la page qui correspond à la carte piochée. Lors de la lecture de celle-ci, remarquez vos sentiments, vos pensées qui arrivent.

Vos guides sont là, à côté de vous, pour vous aider à comprendre ce message et à traverser tout changement de vie. Ils vous encouragent dans vos actions.

Combien de cartes dois-je choisir ?

Généralement, une seule suffit à vous délivrer le message divin dont vous avez besoin.

Cependant, vous pouvez piocher jusqu'à 2 cartes supplémentaires en choisissant bien les thèmes que vous souhaitez : amour, santé, argent et travail.

QUELS MESSAGES À TRAVERS LES HEURES MIROIRS ?

Cet oracle a été créé pour pouvoir facilement communiquer avec vos guides, vos anges, sans être attentif particulièrement aux synchronicités de la vie. Des réponses précises à des questions précises. Les cartes vous parleront si vous avez la patience de les écouter. Méditez sur chaque message qui vous est délivré. Rappelez-vous d'accueillir celui-ci simplement pour une compréhension profonde.

Dans la partie suivante de ce livre, vous trouverez le message particulier à chaque heure miroir. N'oubliez jamais que vous disposez du libre arbitre dans vos choix de vie. Mais qu'à l'issue de la lecture, vous pourrez améliorer vos prises de décision, grâce à la confiance que vos guides ont en vous. Il suffit de le vouloir avec le cœur et le divin vous l'accordera. Ce livre donne le message de chaque carte qui correspond à une heure miroir ; celles-ci sont classées par chiffres ou nombres croissants.

SIGNIFICATION de 00 h 00 AVEC LES GUIDES

Les guides vous montrent qu'une nouvelle étape est à franchir. L'envol de votre véritable être est proche. C'est la prise de conscience d'une nouvelle harmonie spirituelle : franchir et surmonter ce mur de la peur sur votre chemin de vie, acquérir le savoir, s'imprégner de littératures et d'écrits ancestraux qui relatent les visions sacrées !

La méditation est un outil important, si l'occasion vous est donnée de la pratiquer avec assiduité. En exploitant la visualisation, vous travaillez votre clairvoyance. Cela vous permet de maîtriser vos doutes intérieurs qui bloquent votre élévation sur des plans supérieurs. Si vous poursuivez votre quête de l'amour de vous-même, vous pourrez l'atteindre grâce à la méditation.

Vous perdez le contrôle de vos émotions et, de ce fait, certains aspects de votre vie vous paraissent difficiles. Respirez, cela va passer. Les basses, les énergies sont très présentes. Vous vous devez de vous battre. Si cela ne parvient pas à se dissiper, faites appel aux énergies de lumière. Cette lumière céleste vous enveloppera afin de détruire le bas astral.

Un défunt proche souhaite vous manifester sa présence. Soyez à l'écoute des signes. Sachez donner avec parcimonie, car il faut être juste avec vous-même. Le « non » doit se tolérer. Faire preuve d'altruisme est une vertu, mais vous ne devez pas agir avec soumission !

L'ange associé à **00 h 00** est Mumiah. Il représente la fin et permet d'atteindre vos objectifs. Il vous laisse savourer la vie dans le domaine du sacré. Mumiah améliore votre envie de vaincre grâce au poids de votre voix. Mumiah est le dernier ange, le 72e, celui de la renaissance et de l'énergie infinie. Il ranime le feu de l'espoir. Avec son aide, vous allez devenir un grand orateur dans le domaine de la spiritualité.

SIGNIFICATION de 01 h 01 AVEC LES GUIDES

Les guides souhaitent vous informer qu'ils vous aiment et que l'amour véritable va naître à vos côtés. Arrêtez-vous une minute, prenez le temps de voir avec votre cœur. Soyez à l'écoute de vos émotions, sentez que votre corps vibre et frissonne. Voyez-vous, le corps est un véhicule qui conduit notre âme ; ils forment un tout.

La solitude et l'isolement ne sont pas essentiels pour vous. Vos guides vous informent que le contact humain est indispensable à votre équilibre. Vous devez accepter qu'il puisse y avoir des événements à traiter avant une éventuelle rencontre car, même si l'impatience vous ronge, l'Univers travaille à vous trouver le partenaire idéal !

Vous êtes un personnage atypique. Attention à ne pas occuper trop d'espace vis-à-vis des autres. Vous êtes reconnu par des personnes proches de vous, mais votre comportement égoïste agace votre famille et vos collègues de travail. À force, vous allez réveiller votre blessure d'abandon.

01 h 01 indique que vous êtes un guide terrestre important. Vous aimez que les groupes soient solidaires. Vous êtes le parfait équilibre de la force et de la douceur ; cela fait de vous un guide de confiance que l'on respecte. Cependant, trop en faire peut déstabiliser certaines personnes.

L'ange associé à **01 h 01** est Vehuhiah. Il représente le sentiment d'exaltation et d'élévation ! Cet ange proche de la source vous accompagne dans la canalisation de messages intuitifs. Il vous détache de l'aspect matériel. Il est le guide de lumière lorsque l'on s'égare.

Vehuhiah vous accompagne pour être à l'écoute de votre voix intérieure. Il éclaire la voie sur votre chemin de vie.

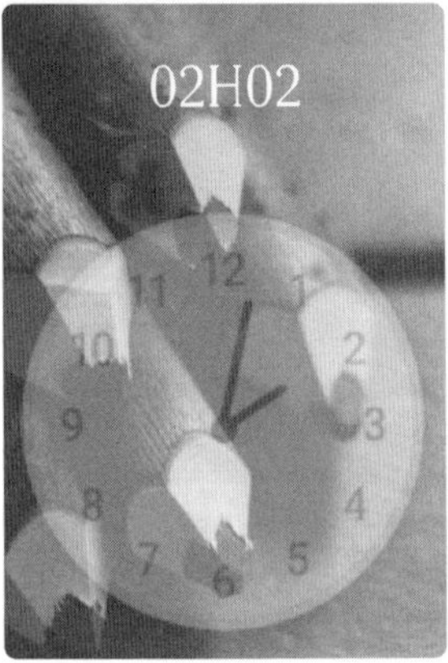

Signification
de 02 h 02
AVEC LES GUIDES

Les guides regardent le travail que vous avez accompli sur vous-même. Effectivement, l'heure miroir **02 h 02** informe que vous rencontrez des moments de luttes guerrières avec votre moi profond. Vous rendre compte des aspects positifs et négatifs de votre vie peut vous aider à prendre de bonnes décisions. Prenez votre temps pour ne pas regretter ces choix.

Les émotions vous submergent rapidement. Vos qualités sont l'empathie et la tolérance ; vous percevez facilement les véritables attentes des autres. Médium depuis votre plus jeune âge, vous êtes invité à vous reconnecter avec l'invisible afin de pouvoir vous épanouir. Vous avez besoin de parfaire vos connaissances des arts divinatoires et de la magie. Vous n'êtes pas seul, les guides sont là. Ils vous donneront, au moment opportun, accès à de nombreuses réponses à l'aide de signes, de synchronicités.

Vous vous tuez à l'ouvrage : travail, travail et encore travail. Stop la modestie ! Il est temps d'entrer dans la lumière que vous méritez. Cessez de mettre de la distance et prenez votre juste place. Votre âme est belle et pure ; soyez fier.

02 h 02 annonce un contrat signé.

L'ange gardien correspondant à **02 h 02** est Jeliel. Il représente la réconciliation et la vérité. Il élargit votre vision sur des situations trompeuses et révèle la véritable nature des personnes autour de vous.

Il est présent lors d'un conflit. La méditation, en invoquant l'ange Jeliel, vous donne accès à différents mondes intérieurs, vous permettant de rétablir la paix et la justice et d'apaiser un esprit tourmenté. Il vous aide à oublier votre passé néfaste. Votre passé ressurgit pour être libéré.

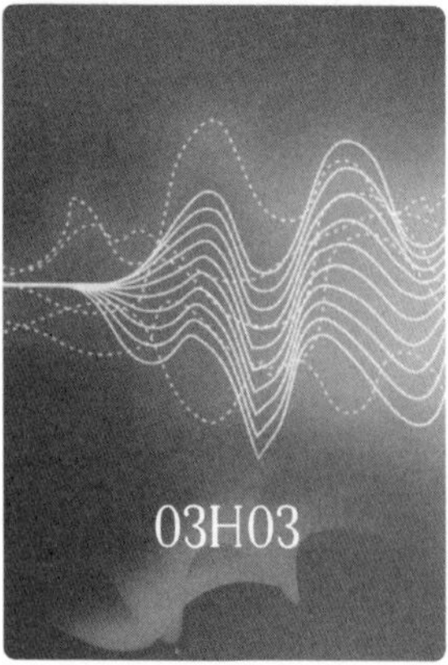

SIGNIFICATION
de 03 h 03
AVEC LES GUIDES

Cette heure double est un présage lumineux de la part de vos guides. Ils signalent une situation où des choix vous sont proposés. Ils actent que vous avez une véritable volonté d'aider et d'accompagner ; cela laissera la place au renouveau dans votre vie.

Les rêves sont un monde parallèle dans lequel vos guides délivrent des messages, des images, des odeurs, des sensations, qui vont accroître vos ambitions. Vous êtes canal de lumière, c'est une certitude, guidé à chaque instant sur votre chemin de vie. Vous avez un côté créatif que vous arrivez à exploiter grâce à la communication. Vous êtes un artiste dans les domaines du spectacle, de l'audiovisuel, mais aussi du graphisme. Peur, vous ? Certainement pas ! Vous savez vous mettre en avant mais attention à ne pas éteindre le feu qui vous anime par simple vanité !

Les guides vous préviennent : si vos capacités ne sont pas utilisées à des fins bienveillantes, vous prendrez le risque de sombrer dans les méandres du mensonge, de vivre une vie surfaite, une vie de paraître. Gardez vos objectifs en ligne de mire.

L'ange correspondant à **03 h 03** est Sitaël. Il représente l'espoir et la création. Il vous fait comprendre que vous êtes l'auteur de vos blocages.

Il ouvre votre cœur aux lois fondamentales. C'est un soutien pour persévérer et ne pas abandonner. Il vous guide pour trouver votre force et vous aide à combattre votre besoin de posséder. Il balaie vos doutes. Il place sa confiance en vous pour de nouveaux projets.

SIGNIFICATION
de 04 h 04
AVEC LES GUIDES

Les guides indiquent que votre forme physique et mentale est parfaite. Peu importent les épreuves du moment, une parfaite santé est là. Il n'y a pas d'épreuves insurmontables à l'horizon. La force des guides est en vous, elle vous insuffle motivation et bienveillance envers vous-même.

La nature n'a aucun secret pour vous et la contempler pendant des heures est votre activité favorite ; vous êtes un herboriste dans l'âme. Votre bien-être passe par la préservation de celle-ci, il est temps d'éveiller les consciences. Un lien fort s'est créé avec votre environnement, le respect des cycles naturels de la création fait partie intégrante de votre être. Le souhait de vos guides est de vous emmener vers l'aboutissement de vos projets, surtout quand ces derniers sont en lien avec la nature, la biodiversité et l'apiculture.

Les guides vous invitent à ne pas craindre les postes à responsabilités. Vous êtes une âme qui regroupe la foule, vous disposez d'un pouvoir de persuasion puissant. Une carrière de conférencier pourrait, par exemple, être envisageable ; la foule sera captivée par votre parole.

L'ange correspondant à **04 h 04** est Elemiah. Il représente la passion et la sagesse. Il abreuve votre soif de justice et de savoir. Il annonce un grand voyage physique et sa présence à vos côtés en vous accompagnant. Il favorise le voyage intérieur pour que vous puissiez découvrir le champ des possibles.

Priez-le pour révéler le négatif. Il équilibre les angoisses, fait taire le mensonge, apaise, calme une personne. Il est présent pour les capacités de soins comme le magnétisme.

Signification de 05 h 05 avec les guides

Les guides soutiennent votre personne avec grand intérêt ! Vous respirez la joie et le bonheur d'être en vie, vous êtes un bon vivant. La vie est pour vous une expérience constante qui vous enrichit ; elle est complexe, mais tellement stimulante. Les guides activent votre intuition : écoutez la petite voix intérieure qui vous parle, elle a des choses extraordinaires à vous transmettre.

Les guides souhaitent vous accompagner dans le monde créatif. Votre imagination est abondante et sans limites, mais votre créativité n'est pas utilisée à bon escient. Prenez le temps de les étudier une à une. Un potentiel de transmission s'éveille chez vous, mais d'où peut venir ce savoir ? Le pouvoir des mots n'a aucun secret pour vous.

Vous foncez ! Que cela soit sur le plan mental ou physique, vous êtes à votre maximum. Vous êtes un explorateur de la vie ! Apprendre, comprendre, vous offrir de nouveaux choix. Vous prenez le temps comme acquis, ce temps riche d'explorations diverses et variées. Ne pas être dans l'attente et passer à l'action attire les gens à vous. Vous savez leur redonner confiance en eux, un rôle que vous prenez à cœur avec humilité. Les guides vous communiquent les mots justes pour soulager ceux qui en ont besoin.

L'ange correspondant à **05 h 05** est Mahasiah. Il représente la grandeur et la connaissance. Il privilégie l'ouverture des portes de l'harmonie et aide à canaliser les vibrations universelles. Il vous accompagne pour vous libérer de l'orgueil dans le domaine professionnel et contempler chaque reconnaissance de l'Univers. Il vous procure les réponses à vos questions à travers la littérature scientifique. Il vous préserve des esprits compliqués et de la jalousie.

Signification
de 06 h 06
AVEC LES GUIDES

Les guides manifestent leur présence. Vous vivez des épreuves difficiles et une solitude omniprésente, mais ils sont là. Patience, ils attendent le bon moment pour vous envoyer un signe, un mot ou une larme et intervenir pour vous accompagner dans votre éveil.

L'univers est vaste et complexe, seul un initié bienveillant a la capacité de lever le voile sur ses énigmes. Si d'ores et déjà vous étudiez les domaines de la spiritualité ou de la magie, vos recherches seront bénéfiques. Osez demander d'être accompagné par vos guides sur ce chemin de l'éveil spirituel. Il se peut que ces derniers jours, le souhait de vivre des initiations dans divers domaines spirites soit devenu un besoin essentiel pour vous.

Suivez votre voix intérieure, vous êtes sur le chemin qui vous correspond. Vous serez alors serein et votre vie s'harmonisera naturellement. Les guides rééquilibrent vos chakras, source de vie intérieure. Cela aide à la complétude et à l'évaporation de tous les blocages. Une magnifique expérience s'offre à vous, soyez acteur de votre vie et non spectateur ! Votre parole est forme de sagesse, il est bon de la tenir. Allez au bout de vos engagements envers vous-même ou envers les autres, cela développera votre loyauté envers l'Univers. La vie est faite de choix, faites-les et ne revenez jamais dessus.

L'ange correspondant à **06 h 06** est Lelahel. Il représente les louanges et la guérison. Il guide pour passer les épreuves de la maladie physique, il souffle en vous la rémission. Il apaise les souffrances de l'âme.

Le travail avec Lelahel permet de garder votre corps tel un véritable temple, afin de réveiller tous vos potentiels. Grâce à son accompagnement, vous pourrez purifier vos différentes vies, afin de vous libérer de vos maux.

SIGNIFICATION
de 07 h 07
AVEC LES GUIDES

Debout ! Le savoir scientifique, la médecine, la spiritualité, la politique sont une même énergie, étudiez-les pour mieux vous en imprégner. Vous vous ouvrez doucement mais sûrement à ce vaste monde : vous allez comprendre les différents liens. Il n'existe pas qu'une seule réalité !

Une magnifique transformation s'effectue pour vous, qui va diminuer votre appréhension au quotidien. Les événements n'auront plus la même résonance, ce sera un apaisement ! L'éveil à la spiritualité vous donne accès à votre plus lumineuse personnalité. Un portail énergétique s'ouvre, sentez sa puissance !

Les guides vous montrent qu'il n'y a pas de succès sans travail. Le travail ne se fait pas seul, une association ou une collaboration qui se développe avec des personnes permettra l'épanouissement et une reconnaissance complète. Vous ne manquez pas d'idées, alors exprimez-les. Vous ressentez un chamboulement imminent et votre intuition est aux aguets ! Vous devez apporter des solutions dans le domaine professionnel pour un épanouissement collectif.

L'heure miroir **07 h 07** est une approbation positive de la part des guides. Vous avez enfin trouvé le chemin qui est le vôtre et ils sont à vos côtés pour votre évolution spirituelle. Il y a cette voix intérieure qui vous donne confiance et motivation, écoutez-la !

L'ange correspondant à **07 h 07** est Achaiah. Il symbolise la bonté et la patience. Il est l'ange du temps, il vous invite à vivre le moment présent avec humilité et indique que tout arrive au moment voulu. Il calme votre impatience et apporte l'organisation dans votre vie. Il vous indique aussi de prendre du temps pour vous-même et vous aide à déléguer. Spirituellement, il vous fait comprendre que l'éveil des différentes capacités passe par une longue marche et qu'il faut laisser le temps aux épreuves d'arriver sur votre chemin.

Signification
de 08 h 08
AVEC LES GUIDES

Les guides annoncent la fin d'un cycle de blocages, un poids retiré vous délivre d'une situation stagnante. Actuellement, vous vivez des schémas répétitifs et cela vous paraît insurmontable. Pourquoi devez-vous revivre ces épreuves ? Les peurs du manque matériel ressurgissent. Vous êtes une forte personnalité, matriarcale et imposante, d'où votre besoin de porter les responsabilités de tous. Mais, êtes-vous sûr de pouvoir supporter cela sans dommage physique ?

08 h 08 indique une grande capacité de réflexion et de puissance mentale. Vous devez atteindre de grands objectifs pour vous sentir en vie, c'est bien plus qu'une mission pour vous. Bravez les tempêtes, mais vérifiez votre barque de temps en temps. La facilité, vous l'avez acquise depuis bien longtemps. Aujourd'hui, travaillez votre confiance en vous. Les guides vous invitent à écouter les fréquences musicales comme méthode d'apaisement. Vous atteindrez un état dit de « pleine conscience ». Fini la nervosité et l'impulsivité à l'égard des personnes que vous aimez. Voyez l'instant présent pour vous libérer de vos peurs et gagner en sérénité. Vous avez le courage de dénoncer les injustices, vous disposez d'une grande déontologie et cela est très honorable ! Vous êtes un symbole de force et de courage, votre authenticité fait de vous un bon consultant.

L'ange correspondant à **08 h 08** est Cahetel. Il représente la hiérarchie et la joie, développe les énergies nouvelles et la vraie valeur de votre étincelle. Avec lui, vous retrouvez votre joie de folie, cet enfant intérieur. Appelez-le pour chasser les moments tristes.

Il accompagne dans la réalisation de votre bonheur. En travaillant avec ses énergies, vous allez vous forger un bouclier d'amour. Ainsi, vous prenez conscience que vous n'êtes pas sur cette terre par hasard.

Signification de 09 h 09 avec les guides

Les guides souhaitent vous transmettre que vos capacités sont gigantesques et que le moment de les exploiter est arrivé ! C'est un besoin pour vous, mais aussi pour les autres. Quelle belle âme vous êtes ! Vous avez toujours cette envie de faire plus pour les personnes que vous rencontrez. Vous aidez le monde et l'Univers par votre bienveillance.

Vous incarnez la douceur et l'amour, prenez-en conscience ! Vous devez exprimer votre vision de la vie, accompagner vos proches à apercevoir le positif de chaque événement. Votre lumière spirituelle bienveillante éblouit, et cela peut parfois déranger et déclencher de la jalousie. Peu importe: votre cœur dissipe les doutes et la malveillance.

La vie, si incertaine soit-elle, est surprenante. Prenez le temps de le constater. Les guides vous suggèrent de visiter votre profondeur d'âme. Vous serez guidé vers des réponses pouvant vous faire avancer dans votre quête de spiritualité.

Des énergies déjà présentes en vous augmentent votre capacité vibratoire et vous rééquilibrent. Un réalignement est indispensable, car votre entourage vous vampirise. Lorsque votre regard se pose sur **09 h 09**, isolez-vous et soufflez , afin que vos guides insufflent en vous la lumière d'amour et de paix nécessaire pour vous ressourcer.

L'ange correspondant à **09 h 09** est Haziel. Il représente l'avant-garde et la lumière de l'esprit, physiquement et spirituellement. Il favorise le pardon, vous guide régulièrement dans vos idées novatrices. Il partage sa vision éclairée des différents plans énergétiques, des ressentis. Avec lui, vous aurez les appuis nécessaires dans différentes situations de votre vie. Il vous aidera à retrouver vos alliés de lumière. Grand guide du chemin de vie, il vous débarrassera des anciennes querelles et rancœurs. Il vous offre la possibilité de faire de nouveaux choix pour vous-même !

SIGNIFICATION
de 10 h 10
AVEC LES GUIDES

Vos guides vous informent qu'un changement important arrive à grande vitesse. Enfin, vous allez vous réaliser ! Suivre votre destin avec sérénité. Prendre de la hauteur et voir la vie avec ce regard universel.

10 h 10 indique que vos guides sont à vos côtés, sentez cette chaleur douce et apaisante, elle diffuse en vous le courage et la confiance pour explorer des savoirs inconnus. Les guides ont de grands défis et ils savent que vous prêt ! Les opportunités ne manquent pas dans tous les domaines. Sortez de votre zone de confort pour rencontrer de nouvelles personnes. Vous devez être vous-même pour rencontrer les bonnes personnes ; si vous êtes en couple, c'est pareil, vous devez trouver le courage d'expérimenter plus de sensualité dans votre sexualité ou plus de domination, vous ouvrant ainsi à une autre vibration.

Mais le point le plus important concernant **10 h 10** est l'acceptation et le changement : ils sont au rendez-vous dans les secteurs professionnel et amical. La magie de l'Univers est avec vous, c'est incontestable. Votre travail va enfin muter, comme vos compétences. Vous occuperez la place que vous méritez.

L'ange gardien correspondant à **10 h 10** est Aladiah. Il symbolise les erreurs du passé et la grâce. Aladiah accourt et stoppe les boucles infernales. Si vous suivez votre instinct et sa guidance, il vous mènera vers un nouveau chemin qui stimulera votre intellect. Avec lui, pas de faux départs, pas de plans remis à demain. Ici et maintenant, votre cycle de blocages et de souffrances se termine.

Il vous permet d'accepter les faiblesses de chacun, de mettre en lumière les imperfections afin d'évoluer avec sagesse. Il vous demande de vous porter de la compassion et vous aide dans une reconversion.

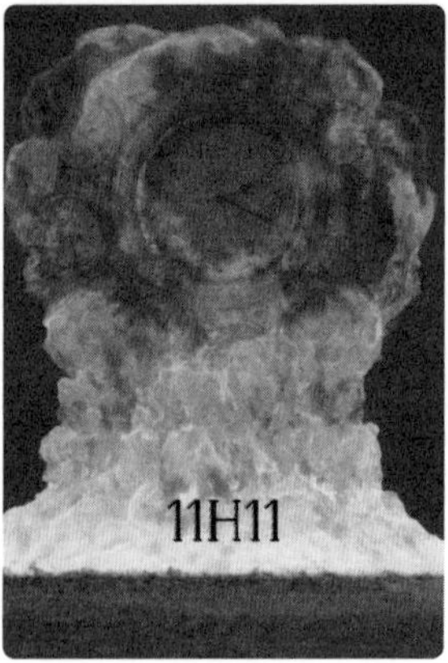

Signification de 11 h 11 avec les guides

Les guides vous indiquent au travers de **11 h 11** que vous êtes à deux doigts du burn-out. Ils portent votre attention sur l'accumulation de fatigue physique et morale. Une véritable bombe nucléaire, une épreuve supplémentaire se prépare et cela ne va pas vous plaire !

Prenez du recul, vous n'êtes pas seul, demandez de l'aide. Ceci est un palier essentiel pour trouver votre équilibre mental et physique.

Stress et anxiété sont devenus votre quotidien ; allez-vous lâcher prise ? Apprenez à déléguer, vous n'êtes pas un surhomme. Vous pensez que vous allez bien, c'est faux ! Prenez du temps pour vous, cela mettra fin à une lutte interne.

Si vous voyez **11 h 11** alors que vous pensez à une question, les guides vous répondent « oui ». Tenez bon et servez-vous de votre volonté pour libérer l'énergie toxique accumulée ! Par de longues balades dans la nature, redonnez cette énergie à l'Univers afin qu'il puisse la transmuter en ondes positives. Faites attention aux différents signes de l'Univers, c'est une force et une aide pour continuer positivement sur votre chemin de vie.

À vous d'imposer votre juste limite : ni trop, ni trop peu ! N'assumez pas des contraintes qui ne sont pas les vôtres, concentrez-vous sur vous-même pour briller parmi les milliers de soleils de l'Univers.

L'ange correspondant à **11 h 11** est Lauvuel. Il représente l'éveil et la croyance. Lauvuel apporte une énergie d'éveil de l'âme ; priez-le pour permettre de croire en votre valeur ou en votre talent. Il éveille une énergie de glorification personnelle.

Il vous conseille de vous affirmer ; grâce à lui, vous parvenez à faire les efforts nécessaires. Il fait de vous une personne pleine d'espoir, de valeur et de chance.

SIGNIFICATION
de 12 h 12
AVEC LES GUIDES

12 h 12 vous indique que l'amour, les pensées bienveillantes, un regard utopique sur le monde sont très présents dans votre vie. La brume se dissipe pour laisser apparaître le visage angélique de votre famille d'âme. Des reconnexions d'âme à âme se manifestent, vous ressentez des émotions puissantes, qui par moments peuvent vous troubler. C'est un bond monumental pour vous qui êtes si discret et réservé que parfois vous en oubliez de manifester votre présence auprès des autres.

Cette heure miroir a un lien fort avec la médiumnité, la communication avec ces âmes de l'autre monde. **12 h 12** manifeste auprès de vous la présence des êtres chers disparus. Votre connexion avec le monde de l'invisible est puissante.Les guides invitent à travailler cette capacité avec divers supports ou thérapeutes. Ne bloquez pas votre progression avec le mental, qui cherchera à tout rationaliser. Avec leur aide, vous allez entrevoir ce bout du tunnel et ne plus avoir peur de vivre chaque jour comme le dernier.

12 h 12 signifie berceau de la vie. Homme ou femme, vous allez vous reconnecter avec votre féminin sacré, afin de vous libérer des mémoires cellulaires qui polluent votre situation amoureuse, l'image que vous avez de vous-même, de votre aspect physique, de ce besoin de plaire et d'être aimé à tout prix.

L'ange de **12 h 12** est Hahaiah. Il représente la puissance et l'essence de vie. Il vous donne connaissance des rêves et vous guide dans le mystère de vos songes. Hahaiah vous incite à travailler votre flamme intérieure et vous transforme en prodige.

Il vous insuffle l'élan et dissout les freins. Vous trouverez votre refuge intérieur. La méditation est un support qui vous aidera à communiquer plus facilement avec Hahaiah.

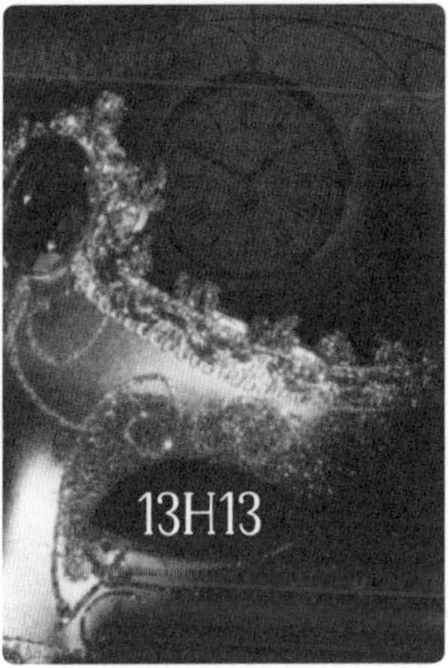

Signification
de 13 h 13
AVEC LES GUIDES

L'heure miroir **13 h 13** indique que vous avez besoin de retrouver votre libido, de commencer à croire en votre pouvoir sexuel. Le nombre 13 symbolise la malchance et la décadence, mais aussi la volonté, la foi.

Vos guides sont présents pour reprendre ce pouvoir qui vous appartient. Ils projettent une énergie séductrice et mystérieuse dans votre vie. Cette perte d'envie est directement liée à une routine de confort que vous vous êtes donnée. Un petit effort, s'il vous plaît ! Un vent de reconquête souffle sur les couples.

Vous avez l'étrange sensation d'être freiné dans cette démarche de mutation ; il est peut-être temps de faire le tri dans votre entourage amical, de revoir votre point de vue vis-à-vis de connaissances, professionnelles ou personnelles. Faites une pause et prenez le temps de faire un petit bilan, cela vous permettra de franchir le pont gigantesque devant vous et d'avancer sans vous retourner sur votre propre épanouissement.

La phrase « j'irai au bout de mes rêves » doit devenir un véritable mantra pour vous ! **13 h 13** symbolise la volonté de changer votre vie personnelle. Vous allez choquer, parfois dérouter, car le changement sera radical. Fini les vieilles habitudes ! Vous prenez une direction nouvelle dans votre vie et vos guides soutiennent dans cette décision. Soyez prêt, ça va secouer, et cela fait du bien !

L'ange gardien correspondant à **13 h 13** est Iezalel. Il représente la gloire et la fraternité. Il est pour vous une source de complétude et vous permet de chercher à atteindre la perfection.

Présent lorsque vous recherchez l'amour, surtout concernant la quête de l'amour véritable. Il est le partenaire idéal pour vous protéger d'une relation amoureuse infidèle et il éloigne les ignorants.

Signification
de 14 h 14
AVEC LES GUIDES

Vous êtes sous haute protection. Votre vie est fondée sur la lutte, le combat, la loyauté ! Ne restez pas dans cette énergie, libérez-vous maintenant !

Il va falloir accepter que vous ne puissiez pas triompher de tout, la vie est un équilibre ; rester immobile dans des combats qui ne sont pas les vôtres vous ferait le plus grand bien. Défendre la veuve et l'orphelin n'est pas votre mission de vie. Cependant, comme le chevalier qui part en croisade, vous avez besoin de mouvement, d'adrénaline pour vous sentir utile et vivant. Il vous faudra donc évoluer dans un domaine professionnel très actif et fondé sur l'aide, l'accompagnement de personnes. Faites attention toutefois de ne pas tomber dans la servitude, le temps de l'adoubage est révolu. Ne donnez pas sans compter, cela risque de vous causer de grandes fatigues physiques. Même les guerriers ont leurs limites !

Pas d'inquiétude, l'heure double **14 h 14** est symbole de quêtes positives et porte l'influence énergétique de la structure et de l'organisation. Elle révélera le besoin d'organiser votre vie et de moins vivre au jour le jour !

Les guides vous invitent à trouver un cadre, une structure, afin de ne pas sombrer dans des angoisses permanentes d'incertitude. Imposez-vous avec délicatesse, ne vous laissez pas piétiner. Une rupture de contrat va avoir lieu, vous avez besoin de liberté. En amour, fini la solitude : le partage et l'échange à deux feront partie de votre vie au quotidien.

L'ange associé à **14 h 14** est Mebahel. Il représente la lumière dans l'obscurité et la libération. Il souffle la réussite et la discipline. L'ordre et la quiétude s'annoncent. Grâce à son aide, vous saurez vous affirmer et être fort. Stop à la soumission !

L'ange Mebahel favorise la lumière dans votre obscur combat. Le travail avec ses énergies rééquilibrera vos chakras, vous accepterez votre partie obscure.

Signification de 15 h 15 avec les guides

C'est l'heure miroir qui parle de sagesse et d'esprit saint : **15 h 15** est un moyen pour les guides d'annoncer que vous allez vivre la paix de l'âme, trouver votre voie avec sagesse et harmonie. Tel un saint, vous verrez le bon chez tout le monde et dans chaque situation de votre vie. Fini d'être superficiel ou matérialiste ! Vous vivrez simplement en vous contentant du minimum.

Les synchronicités, les signes sont une habitude dans votre vie, vous n'avez aucun mal à les interpréter et à communiquer à chaque instant avec vos guides. **15 h 15** est la connexion au divin, cela vous donne accès à une pleine assimilation des enseignements de l'Univers. N'hésitez pas à transmettre vous-même ces enseignements !

Plus de questions, vos pensées sont claires. Cela apporte des changements majeurs dans votre vie. Vous n'avez plus envie de perdre du temps à analyser les autres, ni à déterminer le chemin qu'ils doivent prendre. Vous êtes un guide terrestre et vous accompagnerez avec sagesse et justesse. Vous avez une volonté gigantesque de faire évoluer les consciences ; dans cette mission, vous allez réussir, assurez-vous seulement de concentrer votre énergie sur l'essentiel.

Les méditations collectives peuvent accompagner dans les démarches professionnelles ou personnelles. Ouvrez-vous aux autres, allez à leur rencontre. La conscience de votre potentiel accompagne à la guidance et vous permet de prendre la bonne direction.

L'ange correspondant à **15 h 15** est Hariel. Il représente l'imagination et la recherche de la spiritualité. Il accroît vos sens, vos perceptions du monde subtil.

L'ange Hariel vous accompagne dans vos choix, ne vous emprisonnez pas. Vous êtes une personne très sollicitée et Hariel vous apprend à vous libérer des fardeaux qui ne vous appartiennent pas.

SIGNIFICATION de 16 h 16 AVEC LES GUIDES

16 h 16 est un message puissant ! Les guides vous indiquent ici que vous devez vous préparer à partir au galop ! Foncer droit devant sans vous retourner : une course folle et trépidante.

Cette course, vous devez la faire seul, afin de prendre conscience de votre évolution. **16 h 16** annonce une distance prise avec vos proches, vos amis et vos collègues. Trop de trahisons résonnent encore dans votre cœur, il vous faudra du temps pour guérir cette blessure.

Tel un étalon puissant et orgueilleux, vous allez évidemment avoir confiance en vous, suffisamment pour déménager, recommencer votre vie à l'autre bout du monde. Terminé les états d'âme, vous vous fixez votre renaissance comme ligne d'arrivée.

Les guides utilisent **16 h 16** pour vous indiquer que vos décisions sont les bonnes, même si votre entourage, très engagé dans votre vie, est dissuasif et peu optimiste vis-à-vis de vos choix. Affirmez avec caractère et fermeté votre besoin d'espace et de liberté ! Vous allez trouver les causes de votre mal-être et les résoudre. Vous amorcez des changements sans aucune hésitation. Sollicitez vos guides dans cette étape importante pour trouver la stabilité.

L'ange correspondant à **16 h 16** est Hakamiah. Il représente l'Univers et la loyauté. Il insuffle la grandeur d'âme. Il est la clé de la dévotion, il vous dote d'un altruisme considérable.

Protecteur, il vous aidera à vous défaire des sentiments égoïstes, stimulera votre clairvoyance, il favorisera l'écoute et les compliments sincères. Avec lui, vous serez un bon leader.

Signification de 17 h 17 avec les guides

Lorsque vos guides communiquent l'heure miroir **17 h 17**, ils vous envoient le message suivant : « Réveille le félin qui sommeille en toi ! » Mais pas seulement : l'Univers entend vos crises de colère et comprend votre douleur. Vos guides vous informent qu'ils perçoivent autour de vous de multiples attaques d'autres félins. Vous avez une place importante, celle de chef de meute, surtout professionnellement. Certaines personnes souhaitent vous voir échouer pour prendre votre place. Sortez vos griffes et tenez-vous prêt à défendre celle-ci. Les guides vous donnent un coup de pouce et vous aident à être lucide et aguerri face à cet événement difficile.

Habituez-vous à être le chasseur et non la proie. Vous serez déstabilisé et agréablement surpris par la parade de séduction de différents partenaires, vous ne saurez plus où donner de la tête. Attention à l'ego, vous pourriez prendre de mauvaises décisions sentimentales.

Vous avez une vision idéale du couple, qui va permettre à votre partenaire d'avoir une entière confiance et de se sentir protégé. Votre amour est sans limites, passionné, mais parfois destructeur ! Attention à votre côté jaloux.

Gare à ne pas vivre en permanence pour l'autre, sinon vous risquez l'autosabotage et la tromperie. Vous vous servez de vos ressentis pour prévoir les besoins des autres, mais vous avez tendance à trop en faire, et cela vous rend envahissant. Alors, on se donne de l'espace et on tolère la liberté d'autrui !

L'ange correspondant à **17 h 17** est Lauviah. Il représente l'enrichissement et l'apaisement. Il vous aide à percevoir l'intensité de chaque moment. Ce protecteur puissant accompagne à la révélation de grands secrets de votre lignée. Il dissipe la culpabilité, les angoisses. Priez-le, il vous donnera l'apaisement nécessaire contre toutes les épreuves difficiles.

Signification de 18 h 18 avec les guides

18 h 18 : symbole de poésie et d'écriture ! Vous avez l'esprit rêveur, et cela vous noie parfois dans les profondeurs de vos pensées. Les guides sont là pour vous faire revenir dans l'instant présent, pour atténuer cette sensibilité exacerbée. Oui, c'est possible ! Vous avez des capacités pour l'écriture, les mots, et les joutes verbales n'ont plus de secret pour vous. Perdu dans votre solitude, vous recréez un monde utopique.

Aujourd'hui s'accroît en vous l'envie d'écrire votre histoire, en gommant les peurs, les doutes et les échecs des vies passées. Mais votre chemin est parsemé d'embûches et vous pourriez laisser quelques pages blanches dans votre manuscrit ; peu importe, vous écrirez l'essentiel. Vous êtes d'une grande pudeur, une personne humble qui parfois se laisse bercer d'illusions par des gens mal intentionnés.

18 h 18 dit également que le romantisme fait partie de votre vie. Mais, le côté dandy fleur bleue ne peut pas convenir à tout le monde. Acceptez vos qualités et vos défauts ; personne n'est parfait.

L'ange correspondant à **18 h 18** est Caliel. Il représente le triomphe et l'innocence. Caliel accompagne pour rendre justice aux plus faibles et envoie de puissants rayons de lumière sur les usurpateurs et menteurs. Il souhaite vous démontrer à l'aide de **18 h 18** que vous avez la capacité de supporter les épreuves.

Il fait de vous une personne non fataliste, vous donne la force de défendre les opprimés. Vos connaissances dans le domaine de la justice et des lois sont décuplées grâce à lui. Adressez-lui directement une prière pour solliciter la fin d'un conflit.

Signification de 19 h 19 avec les guides

19 h 19 est une heure glorifiante ! Elle indique la fin d'une guerre. Vous êtes lumineux spirituellement, et plein d'espoir, vous incarnez la bienveillance pour beaucoup de gens. La construction, qu'elle soit petite ou grande, est une activité que vous aimez pratiquer avec aisance et facilité. Vous êtes attiré par tous les matériaux : le bois, le métal, la pierre. Vous sentez la vie émaner de chacun d'entre eux.

19 h 19 annonce une énergie massive, à canaliser expressément, seulement cela se fera en diffusant votre énergie par les soins à autrui. L'énergie reiki, lahochi ou le magnétisme peuvent être des directions pour votre éveil spirituel. Une énergie, si elle n'est pas exploitée, peut amener de nombreux troubles physiques et moraux. Alors, attention à vous, soyez à l'écoute de votre corps.

Vous ne supportez pas la solitude, vous avez un immense besoin de convivialité. **19 h 19** est votre top départ pour les grandes festivités. Vos guides vous confirment que vous êtes dans une énergie positive constante. Vous avez un esprit libre, ce qui vous permet de vivre avec intensité ces moments de regroupement familiaux ou amicaux.

La communication avec les guides est une action que vous pratiquez avec facilité . Votre pouvoir de visualisation est une force. **19 h 19** est aussi une invitation à développer vos capacités de décorporation astrale et le voyage sur d'autres plans. Sentez et frémissez ! Vos guides activent en vous ce grand voyage.

L'ange gardien correspondant à **19 h 19** est Leuviah. Il représente l'intelligence et l'enseignement. Grâce à lui, vous déclencherez un véritable raz de marée dans votre vie. Il vous aide à prendre confiance et à cesser de tout contrôler. Protecteur contre les médisances, il vous révèle la vérité sur les croyances.

SIGNIFICATION de 20 h 20 AVEC LES GUIDES

Votre guide vous indique ici que la précipitation vous fait du tort ; ne prenez pas de décisions trop hâtives. Prenez votre temps pour bien faire les choses, mais prenez surtout le temps de finir ce que vous avez commencé, ne vous dispersez pas.

À cet instant, votre curiosité est stimulée, vous ressentez le besoin d'étudier divers sujets sur le temps, les vies antérieures, les mémoires transgénérationnelles, les constellations familiales et l'ésotérisme. Les points de vue des uns et des autres ne vous intéressent pas ; vous avez besoin de vous faire votre propre opinion. Sinon, vous risquez de vous perdre dans des idées sectaires et étriquées. Vos guides sont à vos côtés pour vous diriger à temps vers les bons ouvrages ! Priez-les si nécessaire. Concentrez-vous sur le chemin de l'esprit et non sur les croyances limitantes. **20 h 20** annonce une avancée fulgurante sur votre connexion avec le monde invisible et pour cela vos guides vous félicitent.

Un guide vous prévient cependant que vous risquez de rencontrer de bonnes et de mauvaises personnes de l'autre côté ; cela serait donc judicieux de vous initier à des techniques de protection spirituelle. Il est temps aussi pour vous de faire un point sur l'amour, le travail et votre santé. Tout va bien pour le moment, mais votre guide utilise cette heure miroir pour vous préparer à une éventuelle épreuve.

L'ange correspondant à **20 h 20** est Pahaliah. Il représente la rédemption et l'équilibre.

Accompagnant dans l'harmonie du corps et de l'esprit, il vous formera à la maîtrise de cette dualité. Ne soyez pas dans l'excès ! Il vous rend lucide et ouvert aux personnes qui manquent de cet équilibre. Avec son aide, vous serez un magnifique guide terrestre.

Signification de 21 h 21 avec les guides

L'heure miroir **21 h 21** est symbole de prestance et d'idéal ! Si vos pensées s'égarent sur un projet à ce moment précis, cette heure double vous indique que vous devez le réaliser. Vous avez fait preuve d'une patience majestueuse et serez récompensé comme il se doit. Vous êtes méritant à hauteur de vos efforts.

C'est l'apogée, la réussite, le Graal ! **21 h 21** est un message royal ! Le trône se trouve derrière cette porte. Un véritable couronnement, surtout dans le domaine professionnel. Vous y êtes préparé depuis longtemps. Néanmoins, les guides vous mettent en garde car cette promotion peut vous demander de faire des choix difficiles vis-à-vis des autres ! Examinez chaque requête pour être le plus juste possible, mais n'oubliez pas que les monarques finissent toujours par être jugés et détestés ! Vous ne faites pas l'unanimité ; peu importe, continuez à avancer.

21 h 21 indique qu'il est temps de porter votre regard sur vos fidèles compagnons de route et de partager des moments avec eux ! Ils sont votre jardin royal, où il fait bon s'abandonner à sa véritable identité. Prenez le temps de méditer avec la nature, cela vous sera très utile en ce moment.

L'ange correspondant à **21 h 21** est *Nelkhaël*. Il représente le tout et l'unique. Avec son accompagnement, vous lutterez contre la division afin de renforcer l'union. Le succès n'est pas unique, il ne fonctionne que si nous le divisons. Encore plus dans le domaine de l'aide aux personnes. Il vous offre les moyens d'explorer la connaissance au travers de vos vies antérieures, peut-être par le biais de l'hypnose. Il vous aide à dire non et à ne plus donner sans compter, il est votre soldat face à l'exhibition de malhonnêteté !

Signification de 22 h 22 avec les guides

Vos guides indiquent que vous allez lâcher prise ! Accueillir ou abandonner, vous semblez prêt pour accéder à cet ultime palier. Vous admettez qu'il est plus simple de regarder l'horizon sans vous projeter, vous êtes déterminé à chasser de votre être ces mémoires négatives, et votre effort va payer, il va même vous valoir un profond respect des personnes qui vous entourent. Les guides vous invitent à définitivement faire votre deuil d'une personne ou d'une situation.

Votre mission vous fera vous envoler vers des terres lointaines, afin de retrouver l'étincelle qui vous animait autrefois. Les guides vous font prendre conscience que vous n'êtes pas un grain de sable dans l'Univers, mais que vous faites partie d'un tout, vous êtes essentiel à l'équilibre universel ! N'ayez pas cette fâcheuse tendance à vous rabaisser et ne baissez pas les bras.

Avec **22 h 22** vos guides donnent leur aval concernant votre renaissance. Le mental rationalise trop vos pensées ; ayez plus de volonté, c'est là leur unique requête. Une vague énergétique arrive sur vous et va favoriser la pensée créatrice dans votre vie.

N'hésitez plus, lancez-vous ! Devenez indépendant professionnellement, écoutez vos intuitions. Vous faites partie des âmes innovantes de ce monde.

L'ange correspondant à **22 h 22** est Yeiayel. Il représente l'éternité et la maternité. Cet ange apporte un regard d'amour sur le monde, amène à prendre conscience de cette réalité. Priez-le également pour une évolution de carrière qui vous tracasse. Il favorise les réussites qui enrichissent. Avec lui, vous développerez un don pour le commerce. Cependant, il porte votre attention sur le fait que l'argent et le monde spirituel ne font pas bon ménage.

SIGNIFICATION
de 23 h 23
AVEC LES GUIDES

Les guides annoncent que le domaine de la divination n'a aucun secret pour vous. Les choses arrivent dans l'ordre où vous les avez énoncées et cela peut vous faire terriblement peur, mais ils sont présents pour vous rassurer et vous dire qu'il existe toujours un libre arbitre, un second plan. Soyez serein et n'arrêtez surtout pas d'entreprendre de nouvelles choses. Vous ne pouvez pas rester inactif et vous communiquez votre énergie débordante à votre entourage.

Cette heure vous annonce un voyage spirituel, la reconnexion avec votre pays, votre région d'origine. Il serait bénéfique pour vous d'établir votre arbre généalogique, afin de trouver un sens à votre quête ésotérique. Reconnectez-vous à vos sens, l'accompagnement par la guidance est votre véritable mission de vie.

Les guides vous dotent de bon sens, cela vous aide à adapter votre guidance à chaque personne et être un parfait guide terrestre ! Vous disposez d'un charisme rassurant et vous avez un grand sens de l'écoute et du dialogue.

En cet instant, vous êtes sous la protection d'un de vos guides. Il vous emmène vers la source du bonheur. Abandonnez-vous, il guérira vos blessures psychiques. Votre destin se scelle au fur et à mesure que les années passent. Gardez votre ambition, même si cela vous demande des efforts pour changer votre point de vue sur votre mode de vie.

L'ange correspondant à **23 h 23** est Melahel. Il représente la délivrance et la santé. Il a connaissance des secrets de l'Univers. Il est un maître de la nature et vous enseignera les remèdes ; il révèle l'interprétation émotionnelle des maux. Melahel vous aide à dissiper l'agitation autour de vous et à chasser le doute sur votre entourage. Il vous conseille de trouver l'énergie nécessaire dans la nature, Gaïa.

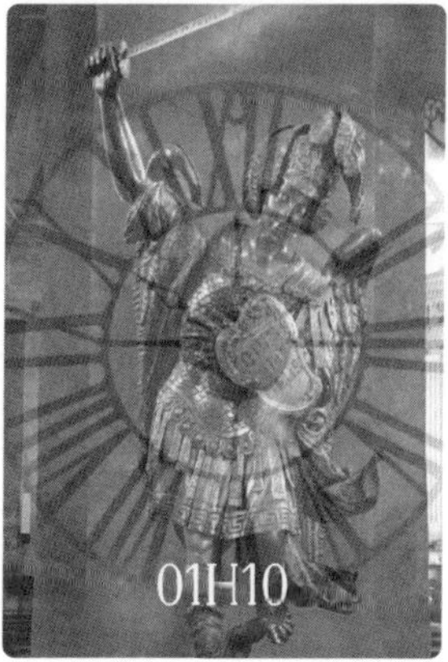

Signification
de 01 h 10
AVEC LES GUIDES

01 h 10 correspond à l'ange Nith-Haiah, qui représente la connaissance et l'aisance. Il vous apaisera dans les situations trop sombres. Il accompagne pour trouver la paix et le bon sens.

L'ange Nith-Haiah annonce aussi un petit moment de fatigue et de doute. Priez-le pour qu'il vous apporte son énergie de joie et de confiance. Il transmettra ses connaissances par le biais du silence.

Ce guide vous informe que c'est dans la maîtrise de vos émotions que vous trouverez la réponse à vos blocages professionnels, sentimentaux ou physiques. Il se peut que vos nerfs soient à vif en ce moment : maîtrisez-les, organisez-vous, afin de trouver l'aisance, la fluidité dans votre vie. Acceptez toutes les épreuves du moment, si insurmontables puissent-elles paraître. Sa présence vous fortifiera dans l'instant. La gaieté fait partie de votre mode de vie, vous aimez lorsque les rapports sont simples et fluides avec les personnes qui vous entourent. Nith-Haiah vous précise qu'il est l'ange qui modère l'intolérance des autres face à vos croyances. Vous saurez mener vos combats avec sagesse et légèreté. Il vous aide à étouffer votre envie de tout lâcher.

Cette heure inversée est la stabilité et la confiance de Nith-Haiah, il inonde votre âme de lumière afin de faire face aux déceptions dans divers domaines. Il dissipe les maléfices, pour une vie idéale et juste. Retrouvez votre aisance et votre légèreté d'âme afin de la diffuser au plus grand nombre.

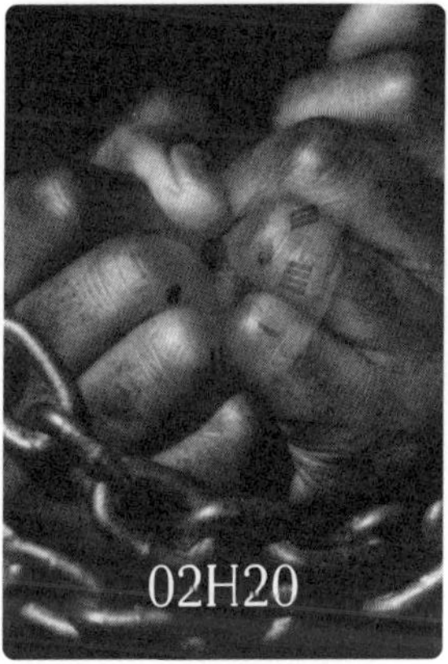

Signification
de 02 h 20
AVEC LES GUIDES

Haaiah est l'ange des choix et de la divination. Il apporte la clarté face à des situations où vous devez faire un choix. Durant de nombreuses années, vous avez fait le choix d'être au milieu ; avec Haaiah, vous aurez la force de prendre des décisions justes pour vous, pour votre bien-être personnel, pour votre élévation. Osez demander de l'aide. Il est ici, maintenant, pour vous faire prendre conscience de votre malléabilité.

Il informe que vous pouvez vous sentir embrumé ces temps-ci et que vous rencontrez certainement des difficultés à vous sortir de situations très nouées. Et, pendant la délivrance de l'âme (naissance), il assure la protection de toutes les personnes présentes pour que tout se déroule dans de bonnes conditions.

Il tient également à dire que vous réussirez tout ce que vous allez entreprendre ; sa présence vous accorde la force et l'énergie. Il est présent pour ouvrir vos yeux sur la vérité de cette situation, faire le choix de combattre ou déposer les armes pour votre propre bien-être. Avec lui, votre vie est cultivée et pleine de chemins lumineux, ce qui vous permet d'être à l'aise en société.

Haaiah est le symbole des choix, il vous apportera des épreuves adaptées à votre besoin d'exploration terrestre, surtout si vous êtes enseignant, thérapeute ou formateur. Votre élévation spirituelle fera un bond et vous accéderez à la divination, à l'ouverture de la porte de la clairvoyance. Guide pour harmoniser l'équilibre de l'humanité, il sait conforter avec sagesse.

C'est un grand chasseur des esprits négatifs cachés dans l'ombre. Il représente la boussole de lumière pour guider dans la pénombre. Cette heure inversée qui lui est attribuée révèle tout ce qui est caché.

SIGNIFICATION de 03 h 30 AVEC LES GUIDES

L'ange Yerathel représente **03 h 30**, il est aussi le juge de l'Univers, celui qui condamne la malveillance. C'est un grand guide qui illumine les esprits perdus dans leur colère, il dirige les personnes aveuglées par leur quête de justice. Il libère des mémoires perverses dans votre lignée. Il vous interpelle avant que vous ne fassiez un faux pas.

L'heure inversée **03 h 30** informe qu'il y a des limites à ne pas franchir ; au contraire, formulez la demande de voir clairement afin de ne pas poser le pied sur une fourmilière. Ce guide vous accorde le don de liberté ; priez-le lors de grandes marches méditatives. Il vous apporte calme et apaisement tout en présentant un miroir qui vous renvoie à de vieux démons passés, il a la capacité de vous bousculer émotionnellement pour ne pas fuir les confrontations. S'il est question de succession, d'héritage ou de rupture de contrat, il tranchera en accordant justice aux plus humbles. Lorsqu'il est à vos côtés, les pierres sur votre chemin sont écartées afin que vous puissiez souffler un petit moment.

La nature, les plantes et les arbres sont des domaines qui vous passionnent, Yerathel annonce qu'il vous accompagne pour la communication intuitive avec les élémentaux.

Ne vous perdez pas sur votre chemin de vie, Yerathel vous informe que l'heure inversée **03 h 30** vous dirige vers la bonne voie et vous libère des poids de votre lignée. Un manque de savoir, des croyances limitantes ; continuez votre éveil avec indépendance. Stoppez toute obstination et corrigez votre manière de penser avec jugement.

Signification
de 04 h 40
AVEC LES GUIDES

L'ange Seheiah représente l'éveil à la vie et l'infini. Par l'intermédiaire de l'heure inversée **04 h 40**, il envoie son rayon sacré afin de faire briller votre élixir de vie, pour voir toujours au-delà de vos peurs. Certaines révélations concernant le cycle infini de la vie vont vous être faites. Il n'y a pas de fin à la vie !

Cet ange gardien est un protecteur contre les angoisses qui vous rongent, il intervient pour répondre à vos questionnements profonds. Le véritable amour existe-t-il ? Sommes-nous tous des guérisseurs ? Trouvons-nous un jour la paix de l'âme ? Porteur de messages bienveillants pour le couple, il incite à cultiver les petites preuves d'amour. Il favorise les échanges enrichissants avec le foyer. Sa présence dans le domaine du travail incite à être indépendant et fonceur, sa protection rend propices vos affaires.

L'ange Seheiah est le bienfaiteur de la vie : si vous êtes malade, il accompagne au détachement des maux, il régénère votre véhicule, le corps physique. C'est un guérisseur du ciel. Il estompe les sentiments d'insécurité, de peur de perdre l'autre. Il crée des distances avec les lieux aux aspects superficiels. Il incite vivement à s'investir dans la vie associative.

Derrière cette heure inversée se trouve une capacité de soin énergétique, comme un besoin de donner votre énergie à l'autre pour panser ses blessures. Seheiah vous donne confiance en votre potentiel. Avec son soutien, vous allez améliorer vos techniques de soin pour vous et les autres. Seheiah n'impose pas, il accompagne simplement et souhaite votre épanouissement.

Cet ange est capable de réaliser avec vous tous vos projets de reconversion dirigés vers l'entraide. La bienveillance professionnelle est son mot d'ordre ; avec lui, plus de rivalité.

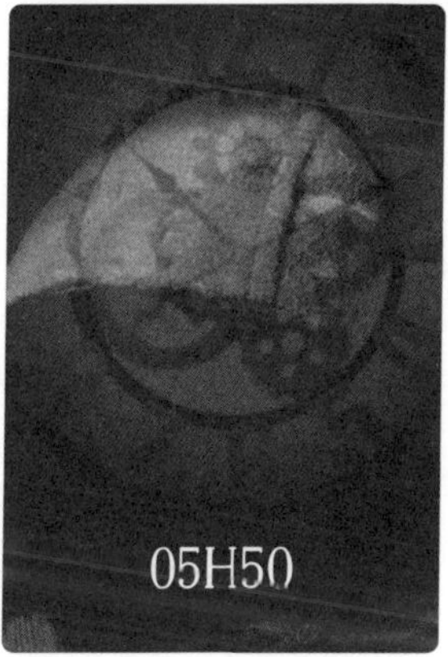

Signification
de 05 h 50
AVEC LES GUIDES

Reiyel, ange de l'inspiration et de la transmission, vous indique à travers **05 h 50** qu'il est temps pour vous d'aller au bout de vos projets. Il soutient votre créativité dans tous les domaines et vous invite à écrire pour que vos vœux ne s'envolent pas dans l'Univers et se perdent. Grand orateur, il fera de vous une personne à l'aise dans sa diction et dans sa manière d'interagir avec les autres.

Il vous guide pour trouver votre souffle de vie et la voix nécessaire pour exprimer votre vision de ce monde. Vous exprimez une envie de nouveauté, de ce fait, vous avez besoin de mouvement physique, de vous déplacer, tel l'air. Accompagnateur constant dans vos besoins de transmettre, il soutient vos projets de participer à des événements où vous pourrez échanger librement sur votre parcours de vie. Les échanges avec les autres sont pour vous essentiels et vous permettent de prendre confiance en vous.

05 h 50 annonce aussi que vous allez connaître la réussite, et que vos vides vont être comblés. Reiyel a la capacité de secourir votre esprit peureux et votre côté introverti pour les remplacer par de la force, du dynamisme et l'envie de prendre votre place. Pas de retour possible pour vous, la transformation est pour maintenant. Surmontez vos appréhensions, dissipez vos doutes ; ce chemin est le bon. C'est également un ange protecteur qui vous aide à développer votre intuition et vos ambitions. Il transmet l'obstination, la chance et le respect.

Avec l'accompagnement de l'ange Reiyel, vous êtes plus prudent et plus émotif, des qualités que vous allez mettre au service de l'Univers et surtout de vous-même. Peu importent les mensonges et les fourberies, vous avez l'énergie nécessaire pour déplacer des montagnes.

SIGNIFICATION de 10 h 01 AVEC LES GUIDES

L'ange Omaël est le symbole de l'attente et de l'espoir. Il vous attend pour que vous preniez conscience de l'avenir qui vous concerne et pour vous transmettre l'espoir d'une vie nouvelle. Prendre le temps, voilà son maître mot. Tel un enfant qui souhaite courir avant de marcher, vous êtes tombé plus d'une fois lorsque vous avez pris des décisions précipitamment.

Un ange lié à **10 h 01** a le pouvoir de faire naître la patience. Bien sûr, attendre est ennuyeux mais Omaël est là pour combler cet ennui, et il vous invite fortement à donner votre temps aux autres. Non pas donner pour donner, mais donner pour recevoir, passer du temps en famille, s'accorder du temps pour soi-même, ne pas se donner de surcharge de travail.

Cet ange est un allié puissant pour alléger votre planning et il n'hésitera pas à vous stopper net dans votre course. Il est aimant et se préoccupe de votre bien-être, sa tâche est que vous ne regrettiez pas le temps perdu. Avec lui, vous recherchez l'amour de toute chose, surtout le vôtre. Avec Omaël, vous développez votre sensualité et votre romantisme, vous êtes sincère autant en amour qu'en amitié, ce qui fait de vous une personne de confiance. Il rentre dans votre esprit des pensées artistiques ; vous trouverez un certain épanouissement dans les métiers liés à la décoration d'intérieur, au feng shui, au design.

Il vous demande d'être confiant et de prendre conscience de votre réalité. Écoutez cette voix intérieure qui vous demande de créer des liens complices avec vos proches.

Signification de 12 h 21 avec les guides

Lecabel est le guide de l'ombre et de la réflexion. En se servant de **12 h 21**, il vous aide à éclairer cette route sombre remplie de regrets. Vous l'avez demandée, voici la liberté.

Lecabel étant l'ange des cultes, il vous rend concis concernant les croyances de chacun et vous accompagne pour donner une autre valorisation à la spiritualité. Il vous transmet les savoirs ancestraux de l'Univers. Il partage sa modestie et aide l'enfant intérieur à retrouver sa place sans rougir ou se sentir gêné. Vous devenez, à son contact, un être talentueux et reconnu.

Il vous raisonne lorsque vous refusez de voir la lumière, il vous aide à ne pas fuir face au mal. À comprendre avec pragmatisme le combat contre les forces de l'ombre. Si on vous a lancé un sort de magie noire ou si l'on vous envoie de la négativité, Lecabel vous protège, il chasse et dissout tout cela. Il vous ramène vers la source divine en insufflant une énergie vibratoire d'amour à l'intérieur de votre corps.

Lecabel favorise la vivacité de vos sentiments, votre méfiance naturelle et vos élans passionnés. Bien-être et repos sont vos deux compagnons du moment, ils vous conduisent et vous accompagnent dans vos réflexions. Courage, votre vie s'équilibre !

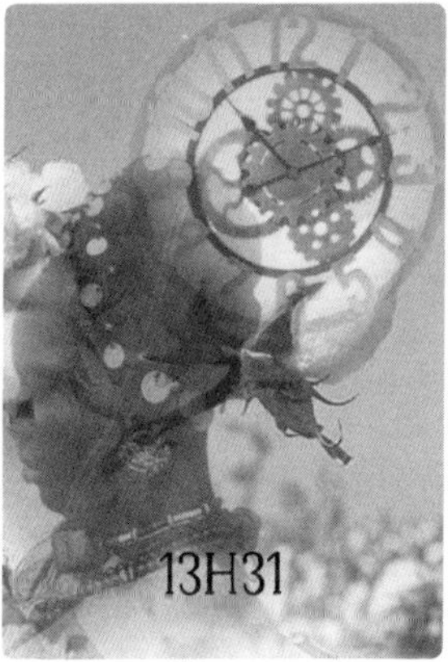

Signification
de 13 h 31
AVEC LES GUIDES

L'ange Vasariah symbolise le pardon et la raison, utiles pour une vie d'enfant rebelle et révolté par l'injustice. Vous avez une multitude de compétences, mais vous ne trouvez pas votre stabilité. Cet ange est présent pour valider un projet en cours et vous dit : « Vas-y, fonce ! »

Vasariah, grand protecteur du foyer, est un grand soutien dans la communication et l'entraide, il vous donne un raisonnement clair face aux injustices. Il exécute votre contrat d'âme de façon impersonnelle et détachée, mais avec bienveillance. Il démêle les nœuds de votre esprit. Il vous aide à comprendre votre mission de vie, la grande quête du pardon.

Vasariah est lié à l'heure inversée **13 h 31**. Il vous envoie le message suivant : un jour oui et un jour non, ce n'est pas facile de vous suivre. La méditation va vous aider à avoir une vision plus précise et plus stable des projets dans votre vie. C'est aussi utile afin de ne pas chercher le bonheur hypothétiquement. Votre guide protecteur veut vous faire savoir que vous avez le pouvoir de pardonner et que vous avez beaucoup de courage en vous. Essayez de tenir vos engagements. C'est à vous de donner le tempo aux artistes qui vous accompagnent. Soyez le soleil et non le nuage.

Vasariah vous offre une délivrance face à toutes les formes d'indécision, de doute, de peur, de blessure liées à l'enfance... Il accorde la paix, le pardon et la purification de l'âme. Il est le témoin de votre évolution terrestre.

SIGNIFICATION
de 14 h 41
AVEC LES GUIDES

14 h 41 est l'heure inversée qui correspond à l'ange Iehuiah, ange visionnaire et guide. Il vous aide à voir le cap qui est le vôtre, sans arrogance ni prétention.

Telle une boussole, il vous guide dans la tempête que vous traversez actuellement. Sa présence est réconfortante et vous donne la force de garder le cap coûte que coûte. Il envoie ces signes de l'Univers qui ne trompent pas.

Votre guide Iehuiah tente également de vous dire qu'il faut être plus vigilant concernant vos ennemis. Vous êtes un des rouages de l'Univers qui a connaissance du tout, il place en vous sa protection.

Iehuiah vous dit en utilisant **14 h 41** qu'il apporte gloire et sérénité. Vous allez retrouver avec lui l'équilibre énergétique afin de lutter contre les forces vampiriques. Il est le maître de la navigation.

Votre vie professionnelle et privée est parfaitement équilibrée.

Ce guide fait savoir que, sous sa protection, vous ne risquez pas de vous égarer, de défaillir ou d'être aveuglé. Vous bénéficiez de sa protection lors des grands voyages sur la route, dans les airs, ou sur la mer. Comptez sur Iehuiah : plus besoin de regarder la carte des directions !

Signification
de 15 h 51
AVEC LES GUIDES

Lehahiah symbolise la clémence et la servitude, et il veut vous le faire comprendre par l'intermédiaire de l'heure **15 h 51**. Il vous met au service des autres pour votre intuition et votre écoute prémonitoire. Grâce à ses capacités intuitives, vous améliorez vos relations. Vous vivez pleinement les petits bonheurs et acceptez de servir une cause bien plus grande que l'humanité.

Cela est aussi un message qui concerne le couple ; vous devez faire évoluer votre manière de concevoir l'harmonie à deux. Votre guide tient à vous dire que vous êtes merveilleux et unique mais pas irremplaçable, alors concentrez votre attention sur votre partenaire actuel. Le rire, les câlins apportent la réconciliation. Pourquoi pas l'arrivée d'un petit être ?

Votre guide vous indique qu'un choix difficile arrive, mais que c'est un choix nécessaire dans votre éveil. Certes, nous avons notre libre arbitre, mais nous avons tous la même mission : ouvrir la porte du savoir sur la guérison de l'humanité. À vos côtés, il servira humblement. Lehahiah est gourmand des plaisirs de l'humanité et il n'hésitera pas à vous diriger vers toutes les gourmandises de la vie. Vos souhaits de savoir que votre place est la bonne sont exaucés. Vous pouvez donc créer de belles choses. Positivez tout beau projet.

Par l'intermédiaire de l'heure miroir inversée **15 h 51**, votre guide Lehahiah vous fait savoir que vous êtes un être bienveillant, qu'il accompagne vos actions sur la voie de la lumière divine. Le message est clair : « Plus de pensée néfaste, je t'accompagne. »

Signification
de 20 h 02
avec les guides

L'heure miroir inversée **20 h 02** correspond à l'ange Chavakhiah, qui représente la famille et le paradis perdu. Ange de la fête et des rires, il est là pour vous reconnecter à la terre et sa symphonie extraordinaire. Il est un liant idéal dans les regroupements des familles d'âme. Il développe la mémoire des vies passées, entretient le flambeau transgénérationnel.

Le guide Chavakhiah tente de vous informer qu'il raccommode votre fil de vie. Si vous êtes à la recherche de vos aptitudes, il vous incite à vous diriger vers un emploi qui vous donne des défis dans divers domaines. Il vous fait découvrir grand nombre d'univers, il vous laisse entrevoir toutes les possibilités. Il vous accompagnera dans la transmission de messages des âmes invisibles.

Chavakhiah indique ici que votre enfant intérieur manque de vie sociale en ce moment, il perd son paradis de gaîté et de joie. Portez-vous un intérêt particulier, soyez sincère avec vos besoins. Sachez être patient et compréhensif. Ne laissez pas la mélancolie éteindre votre jovialité. Ce guide met à l'honneur votre esprit fraternel. Il vous rend divin, vous et votre famille.

Protecteur contre l'égarement et l'abandon, il saura vous remettre sur le chemin de l'amour divin. Vous serez reconnu comme enfant de l'Univers.

Chavakhiah vous fait voir la quête familiale. Avancez, laissez la fantaisie et l'humour guider votre spiritualité.

Signification
de 21 h 12
AVEC LES GUIDES

L'heure inversée **21 h 12** est un message de Menadel, ange de la douceur et du ressenti. Le messager de la maternité, l'origine de cette source de création.

Ce bienfaiteur arrive si vous ressentez l'envie de changement professionnel ; il est là pour vous aider à conserver votre intégrité, votre imagination dans ce domaine, aptitudes nécessaires dans le monde des affaires. Attention tout de même à calculer les risques. L'inspiration vient de la terre, c'est un cadeau de Mère Nature. Tout se met en place pour vous épanouir afin que vous soyez ancré avec vos différents corps.

Menadel donne une grande force d'attraction, la réussite dans tous les domaines. Maintenant, vous voyez clair dans votre évolution terrestre, il vous faut vibrer avec douceur et harmonie. Cultivez votre amour propre, l'amour de cette planète avec gratitude. L'ange Menadel est à vos côtés en cas de violence verbale ou de colère d'un tiers ; il insufflera en vous le besoin de comprendre ces événements plutôt que de les combattre. Votre parcours n'est pas de tout repos ; tout comme notre Terre Mère, vous portez le fardeau de nombreuses personnes. Si vous prenez les souffrances et les douleurs pour les transmuter, votre vie sera enfin remplie de belles choses. Vous êtes un véritable aimant à enfants et cet ange vous invite à vous diriger vers des métiers d'accompagnement où l'enfant occupe une place importante, la relation entre mère et enfant.

Il déclenche en vous une hyperactivité soudaine. Il vous aide dans vos besoins de changement physique, vous allez vous sentir bien dans votre corps, être aimé et être choyé. Néanmoins, il saura faire barrière contre la submersion des mots et maux. Vos ressentis du monde de l'invisible vont augmenter en puissance, vous serez instantanément guidé.

SIGNIFICATION
de 23 h 32
AVEC LES GUIDES

Au travers de l'heure miroir inversée **23 h 32**, le guide ou l'ange Aniel vous indique que vous avez atteint votre phase de transformation divine. La grande balance entre le spirituel et le matériel s'active, Aniel est porteur d'encouragements. Avec lui comme protecteur, vous allez rencontrer différents figurants de votre contrat d'âme pour travailler sur votre relation au monde spirituel.

Aniel avertit qu'il va y avoir un avant et un après ; l'heure n'est pas à l'espoir, ni même au retour en arrière mais au bond fulgurant qui permettra de se risquer par-delà le précipice des croyances limitantes. Une protection nécessaire pour vos prises de décision importantes. Le meilleur est pour maintenant ! Commencez à prendre du recul face aux comportements de certaines personnes, lâchez prise sur les biens matériels.

Aniel vous guide, vous donne le courage de résister face aux attaques énergétiques ; un véritable guerrier de lumière. **23 h 32** signifie qu'Aniel opère sur votre manière de penser afin de solliciter la loi vibratoire. « J'attire à moi ce que je fais vibrer. Je suis énergie de lumière, je suis un grand soleil parmi les soleils. » Doté d'un sens critique en blanc et noir, il vous conseille d'adapter les couleurs en fonction de votre interlocuteur, soyez clairement ouvert pour voir cette palette de nuances.

Avec ce guide, plus jamais d'indécision. De sa balance angélique, il vous donne le poids et la valeur des choses de la vie. Il est votre écuyer fidèle.

Signification de 01 h 11 avec les guides

Haamiah est l'ange ou le guide des créatures terrestres et des initiés. Dans l'amour vrai, il vous donne son respect du pouvoir des relations terrestres, pour être à l'écoute de toutes les créatures de cette terre (animaux, humains ou végétaux) ; tout devient fluide et précis. Les communications avec ces êtres deviennent un mode de vie à part entière. Il vous invite à demander le don de communication intuitive.

Haamiah est là pour vous aider à ressouder ou développer rapidement des rapports harmonieux. Compagnon fidèle pour vous montrer comment faire un rituel d'abondance dans le travail ou sur votre chemin de vie, il est le guide que vous avez longtemps attendu.

Haamiah est là aussi pour vous faire prendre conscience de vos qualités naturelles, de vos énergies mystiques. Prendre conscience des manques ou de ce que l'on veut retenir. De ce que nous nous empêchons de faire, dans l'attente d'une autorisation divine. Il précise que vous devez développer le plaisir de faire plaisir ; votre sauvetage dépendra de votre capacité à donner. Vous êtes une personne qui n'ose pas les petits gestes amicaux ou les gestes gratuits, prenez conscience que le retour de votre geste ne vient pas d'une personne mais de l'Univers. Il vous invite à sortir de votre zone de confort et à vous initier à d'autres pratiques dans le domaine du travail, du sport, des loisirs, du bien-être. Certainement une formation en perspective.

Cet ange active la potentielle confiance en vous. Aucune perte de temps, stop la négativité qui peut vous nuire. Faites ce choix et vous verrez, vous comprendrez que le temps perdu est derrière vous.

SIGNIFICATION
de 02 h 22
AVEC LES GUIDES

02 h 22 est associé à l'ange Rehaël, qui représente l'obéissance et la morale. En voyant l'heure miroir triplée **02 h 22**, il met le doigt sur le père, son aspect hiérarchique et le message qui en ressort. Il veut que vous sachiez qu'il ouvre la porte de l'obéissance véritable et voulue. Vous êtes un des maillons bénis de la création et, comme tel, vous devez suivre les règles divines. Vous êtes un ouvrier de l'Univers, fort pour soutenir, imposant pour diriger, loyal pour forcer le respect. Attention cependant à ne pas devenir impulsif, cela vous mettrait en danger. Ne prenez pas son message avec légèreté.

Rehaël vous informe que la dépression se dissipe et que le mental revient en protection. Il arrive pour apaiser le cœur et les blessures qui lui sont associées, plus précisément notre amour-propre. Il est rassurant pour toutes les personnes qui le prient. Dans le travail, il serait bon pour vous d'accepter les critiques constructives, vous serez gagnant.

Cet ange est l'allié sur qui vous pourrez vous reposer lors d'une tromperie. Grand soutien dans le domaine de la fidélité, il assure vos arrières. L'ange Rehaël vous fait également savoir que vous aurez la joie d'accueillir un peu de douceur dans votre vie car, en ce moment, il y a un manque de tendresse. Vous attirerez le respect des autres. Il aide dans la récolte des fruits de votre travail, il vous rendra fier de votre parcours. Laissez-le entreprendre le plus grand et le plus beau pour vous.

Il met des distances entre vous et la colère. Vous serez sous garde rapprochée dans cette vie et les suivantes.

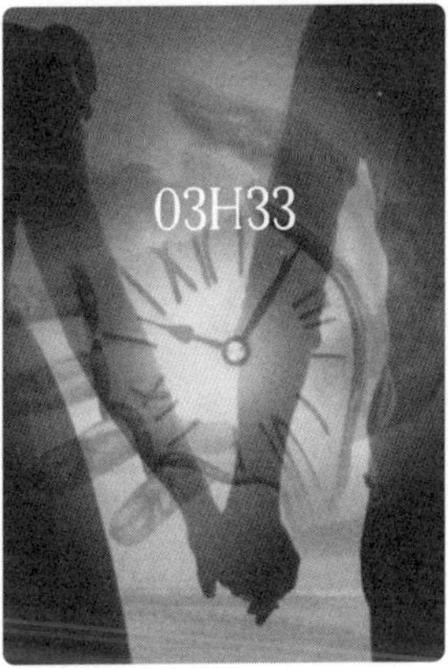

Signification
de 03 h 33
AVEC LES GUIDES

Le guide Ieiazel représente les sciences et l'art. Cet ange vous annonce le retour de l'inspiration, il vient vous faire redécouvrir ses domaines de prédilection. L'art de vivre, mais aussi l'art créatif. La liberté de l'art, sans pression ni règlement.

Ce guide est porteur d'une bonne nouvelle : vous allez vers du mieux. Il intervient dans vos rêves pour vous avertir qu'une nouvelle étape approche. Il donne des consignes et vous demande de lui accorder votre confiance. Il vient vous aider car vous allez avoir grand besoin de lui pour prendre de la légèreté face à cette étape.

Attention à vos inspirations soudaines, elles peuvent vous consumer et vous éloigner du moment présent. Ne cédez pas à la panique, le monde de l'invisible ouvre ses portes pour communiquer avec vous. Peut-être par le biais de l'écriture automatique. Grâce à Ieiazel, vous arriverez à pénétrer facilement, à faire taire votre mental.

Ieiazel vous demande également, par le biais de l'heure **03 h 33**, de faire taire votre ego et votre envie de pouvoir, car il lutte avec vous contre la blessure de rejet. Ces sentiments sont des freins à votre épanouissement spirituel. Le bonheur sans idées toxiques, ainsi que de belles années, arrive.

L'ange gardien Ieiazel ouvre humblement la porte de la vérité des arts du monde, il accroît votre connaissance. C'est par l'heure miroir **03 h 33** qu'il vous délivre de véritables messages spirituels. À vos côtés, les autres s'épanouiront, développeront leur créativité et leur intellect.

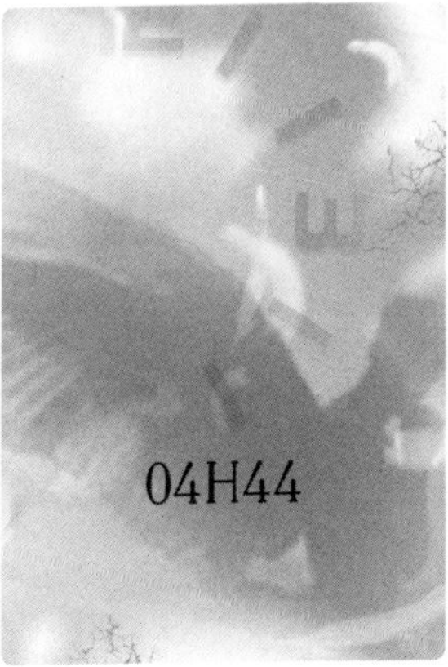

Signification
de 04 h 44
AVEC LES GUIDES

L'ange guide Hahahel représente la clé des mondes et la voie spirituelle. Par l'intermédiaire de l'heure miroir triplée **04 h 44**, il vous informe qu'il existe quelque chose de grand et d'intelligent en vous, la foi en l'amour, que vous disposez de son entière protection.

Hahahel apporte les ressentis et la confirmation de vos ressentis précédents. Il tient la première clé de la révélation et souhaite vous en faire profiter. Votre foi va s'éveiller et une nouvelle ère spirituelle s'ouvrir à vous. Vous êtes parfait en tout point et respirez l'amour.

Hahahel, associé à l'heure triplée **04 h 44**, sonne l'éclat de ce diamant de la vie, il vous invite à faire rayonner toutes vos facettes. Il vous accueille avec légèreté et rire, avec cœur et grâce. Vos approches des énergies subtiles seront inspirantes et gratifiantes dans votre épanouissement personnel. Il vous donne la force d'abandonner le jugement. Aimez, riez, libérez-vous des poisons quotidiens. Vous irez de surprise en surprise, votre ange s'attelle à rapprocher les amis égarés.

Ce guide bienfaiteur vous demande un ultime effort : soyez transparent lorsque vous donnez. N'ayez pas honte d'être qui vous êtes, avec vos qualités et vos défauts. N'ayez aucune crainte.

Signification de 05 h 55 avec les guides

L'ange gardien Mikaël est associé à l'heure **05 h 55**, il représente le guide divin. Accompagnant fidèle, il vous propulse vers un très haut niveau vibratoire, celui-là même qui connecte directement à notre source de lumière pour devenir canal. Il vous fait part de votre grande place dans le plan de l'Univers. L'acceptation est la clé de la connaissance, de la vérité absolue dans le domaine des anges ; il vous offre de hauts potentiels énergétiques. Ce guide amplifie vos valeurs, il vous relie au savoir éternel.

Mikaël vous prépare pour les grands duels de la vie, il vous accompagne au jeûne d'avant duel, il vous rend fort et désireux d'atteindre vos objectifs. Atteindre la cible, ne pas flancher. Son aide est précieuse dans les épreuves ; il vous préserve de l'attaque présomptueuse.

Ce guide vous informe par l'heure miroir **05 h 55** qu'il n'est pas bon d'idéaliser votre mission et que vous devez souvent vous reconnecter à la matière. Cependant, vos besoins et vos objectifs sont plus clairs et il dissipe les doutes. Personnes ne peut vous atteindre, vous êtes fin prêt et, si par le passé vous vous êtes fait piétiner, aujourd'hui le pardon est accordé pour faire place à la meilleure version de vous-même.

Mikaël annonce aussi qu'avec son aide vous êtes volontaire et assidu aux tâches qui vous sont confiées. Vous allez bénéficier de plusieurs attentions délicates. Il représente un soutien extraordinaire pour les personnes travaillant dans le médical, son souhait le plus cher : que vous respiriez la santé dans tout votre être.

À PROPOS DE L'AUTEURE

Après diverses formations dans les thérapies holistiques et psychologiques, Julie Havel se dirige vers sa véritable mission de vie. Elle est aujourd'hui somato-énergéticienne, conférencière, *channel* et accompagnatrice chemin de vie.

L'autour souhaite, avant toute chose, éveiller les consciences, favoriser les connexions avec le monde spirituel.

Accompagner les personnes dans le lâcher-prise, la guidance de l'Univers.

Dès son plus jeune âge, elle communique avec l'autre monde. Les diverses épreuves de la vie ont accentué ses capacités de clairvoyance, clairaudience et claire intuition.

Au travers de cet ouvrage, l'auteure souhaite accompagner les personnes pour qu'elles communiquent avec leurs guides, afin de pouvoir toutes les apaiser concernant leurs potentiels et leur chemin de vie.

Convaincue que cette planète est le plus grand centre de formation des âmes, c'est avec beaucoup de bienveillance et d'amour qu'elle tenait à créer ce magnifique outil de communication.

www.julie-bienetre33.jimdofree.com

REMERCIEMENTS

Je tiens tout particulièrement à remercier **Cerise** qui, lors de ce confinement, à l'aide de ces guides, m'a dirigée vers la création de cet ouvrage.

Je tiens à remercier **Monika F.**, ma maman, pour son soutien immense et sa bienveillance à chaque instant de ma vie, elle est ma représentation de la force.

Je tiens à remercier **Clothaire Guérin** (**www.guidesspirituels.fr**), ami, thérapeute et guide terrestre, qui dès notre rencontre me poussa hors de ma zone de confort et m'accorda sa confiance.

Je tiens à remercier **Vincent Encens 33** (**www.encens33.com**), mon jumeau, mon frère d'âme, pour sa présence constante à mes côtés.

Je remercie **mes guides** et **mes anges** pour leurs accompagnements, je remercie l'ensemble de mes frères et sœurs d'âmes, c'est-à-dire **vous tous,** car c'est grâce à vous que ce projet va vivre.

Gratitude